VENI VIDI VICI! *

Asterix und der Arvernerschild – Seite 18, Bild 1

* ICH KAM, SAH
UND SIEGTE!

VENI
VIDI
VICI

Präambel

Wir befinden uns im 3. Jahrtausend nach Christus. Die gesamte lateinische Sprache droht auszusterben ... All das schöne Latein? Nein! Ein paar lateinische Wortstämme und vom Alter sowie von Fakultativ-Schülern gebeugte Vokabeln geben uns auch im heutigen Sprachgebrauch noch die Ehre.

Außerdem gibt es da noch überlieferte Geschichten in Wort und Bild, die von unbeugsamen Galliern im Jahre 50 v.Chr. erzählen. Diese Unbezähmbaren leisteten Widerstand gegen ihre römischen Besatzer und hatten einige Mühe das römische Kauderwelsch zu verstehen. Glücklicherweise blieben der Nachwelt durch die Überlieferungen die geistreichsten Zitate in lateinischer Sprache erhalten. Eine kleine Auswahl möge alle Lateiner und Nicht-Lateiner davor bewahren, dass ihnen der Himmel auf den Kopf fällt!

VENI, VIDI, VICI! *

Asterix in Spanien – Seite 6, Bild 3

*ICH KAM, SAH, SIEGTE!

NOCH NICHT VICI, LEIDER NOCH NICHT VICI!

* Mit diesen berühmten Worten teilte Julius Cäsar dem römischen Senat seinen Sieg mit, den er am 2. August 47 v.Chr. in Zela über Pharnakes, König eines Reiches am Bosporus, errungen hatte.

*Selbstbewusstes Fazit nach der Eroberung einer neuen Liebe.

Asterix und der
Arvernerschild
Seite 15,
Bilder 2-4

* Bibelvers:
Markus 8, 33.
Entgegnung von
Jesus auf Widerworte des
Jüngers Petrus zur ersten
Ankündigung von Christi
Leiden und Auferstehung.

*Passender Gruß für das erste
Zusammentreffen mit der
zukünftigen Schwiegermutter.

** Das Original stammt aus
der Komödie Phormio (203)
des römischen Dichters Terenz,
später noch mehrmals bei anderen
römischen Schriftstellern, z.B. bei
Cicero in den Tuskulanen 2, 4, 11.

** Trost, wenn ein beherztes
„vade retro" nicht hilft!

O TEMPORA, O MORES! *

HMMMGRAR ! HARHAR ! PASSAGIERE MIT GOLD WIE HEU! AUF OFFENER SEE PLÜNDERN WIR SIE AUS UND WERFEN SIE INS WASSER. NEUE TECHNIK: STATT ENTERN ENTFERN...

O TEMPO'A, O MO'ES! *

ALSO VON DE... CHE: D... FORTS...

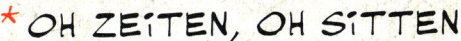

*Ursprünglich von Marcus Tullius Cicero (106-43 v.Chr.), z.B. in seinen Reden gegen Catilina (I, 1, 2), gegen Verres (IV, 25, 56) oder für den König Deiotarus (11, 31).

*Von ungenießbarem Fast Food bis zur Handy-Manie lässt sich mit diesem Satz jegliche zivilisatorische Errungenschaft abkanzeln.

VANITAS VANITATUM ET

* EITELKEIT DER EITELKEITEN, UND ALLES IST EITELKEIT! VERKÜRZT: ES IST ALLES EITEL!

Asterix der Gallier
Seite 36, Bild 5

** TATSÄCHLICH!   *** WIE GEHT'S?

OMNIA VANITAS!*

CTO!**

QUOMODO VALES?***

DANKE, ES GEHT!

32A

*Für Realisten die geeignete morgendliche Begrüßung des eigenen Spiegelbildes.

**Gerngenommene Worthülse in politischen Ansprachen.

***Erlesene Variante von „Alles paletti?".

***Anmerkung: der Ausdruck ist kein klassisches Latein, korrekt ist „Ut vales?".

DELENDA CARTHAGO! *

Die Lorbeeren des Cäsar – Seite 33, Bild 5

...LÄDOYER, DAS ...NGT: DELENDA ...O DER ÄLTERE...

* KARTHAGO MUSS ZERSTÖRT WERDEN!

* Verteidigungsreden erhalten durch diesen Zusatz den Anschein von Professionalität!

* Verkürzung eines berühmten Ausspruchs von Cato dem Älteren (234-149 v.Chr.), der ihm bei Cicero in der Form „Ceterum Censeo Carthaginem esse delendam" im 6. Kapitel von *De senectute* zugeschrieben wird.

DONEC ERIS FELIX, MUL AMICOS! *

Die große Überfahrt – Seite 13, Bild 3

TOS NUMERABIS

IS FELIX,
MERABIS
OS.*

* SOLANGE DU
GLÜCKLICH BIST,
HAST DU GENUG
FREUNDE!

* Ursprünglich niedergeschrieben vom Dichter Ovid in Tristien 1, 9, 5. Die Fortsetzung lautet: Tempora si fuerint nubila, solus eris. = Wenn die Zeiten dunkel sind, wirst Du allein sein.

*Sinnspruch für
die tägliche Meditation!*

ALEA iACTA EST!*

Asterix bei den Belgiern Seite 39, Bild 4

* Ausspruch von Julius Cäsar, als er am 10. Januar 49 v.Chr. den Rubikon überschritt, der Gallia cisalpina (Oberitalien) von Italien trennte, und damit einen Bürgerkrieg auslöste.

* Vielseitig einsetzbare Ankündigung für eine entscheidende Tat – beim Kniffel genauso treffend wie bei der Entlassung des Vorstandsvorsitzenden.

REDDE CAESARI QUAE

SUNT CAESARIS! *

O NICHT SO
MIR ! DEINE
NKELSTEINE
HEN UNS
LLE WEICH?

*Stilvolle Aufforderung, die
Fernbedienung des Fernsehers
in die rechtmäßigen Bediener-
Hände wandern zu lassen!*

* Bibelvers:
Matthäus 22, 21.
Entgegnung von Jesus
auf die Frage, ob es
rechtens sei, dem Kaiser
Steuern zu zahlen: „So gebt
dem Kaiser, was dem Kaiser
gehört, und Gott, was Gott
gehört!"

MENS SANA IN CORPO

Asterix bei den Olympischen Spielen – Seite 40, Bild 9

RE SANO!*

* GESUNDER GEIST IN EINEM GESUNDEN KÖRPER!

* Oft missverstandenes Zitat aus Juvenal, Satiren 10, 356. Die Satire schließt mit der Mahnung: man überlasse den Göttern selbst, uns das wahrhaft Erprießliche zu gewähren, und bitte sie nur um körperliche Gesundheit und gesunden Menschenverstand.

Nachdrückliche Verteidigung des Gegenwertes der Fitness-Studio-Gebühren gegenüber Stammtischfreunden – besonders wirksam nach Verspeisen eines Wildschweins.

CONTRARIA CONTRAR

* GEGENSÄTZLICHES WIRD MIT GEGENSÄTZLICHEM GEHEILT!

** SO VIELE KÖPFE, SO VIELE MEINUNGEN!

Asterix im Morgenland – Seite 34, Bild 5

...IS CURANTUR!*

GRUMMELGRUMMELBLABLA!

Galien natif de Pergame ville d'Asie, excellent Medecin vivant du temps des Empereurs Antonin le Philosophe et de Commodus, on tient qu'il a vescu 140 ans.

QUIS, QUID, UBI, QUIBUS AUXILIIS, CUR, QUOMODO, QUANDO?*

* WER, WAS, WO, MIT WELCHEN MITTELN, WARUM, AUF WELCHE WEISE, WANN?

Die goldene Sichel – Seite 43, Bilder 8-10

** DAS GESCHEHENE IST EINE FABEL!

* Für diese Wortkette ist keine eindeutige historische Zuordnung bekannt. Die deutsche Übersetzung entspricht auch den „7 W's", mit denen sich ein Ermittler befasst.

Intellektuelle Art, blinder Eifersucht Raum zu geben!

**„Fabulam agere" bedeutet „ein Stück aufführen", die korrekte Übersetzung lautet also: „Das Stück ist aufgeführt." Angeblich waren dies die letzten Worte von Augustus auf dem Sterbebett.

**Poetische Umschreibung für ein miserables Geschäftsjahr!

LEGIO EXPEDITA! *

Das Geschenk Cäsars – Seite 7, Bild 1

* KAMPFBEREIT!
STILLGESTANDEN!

* Nicht explizit nachgewiesen, aber
sicherlich häufig gebrauchter Befehl
römischer Feldherren.

* Verschlüsselte Botschaft an die Kollegen bei
Herannahen des Chefs!

Asterix als Gladiator – Seite 38, Bilder 3-5

DIESER BRUTUS... DAS GEHT NICHT GUT AUS MIT DIESEM TAUGENICHTS!

KLATSCH!
KLATSCH!
KLATSCH!
KLATSCH!
KLATSCH!
KLATSCH!

*DIE GESCHICHTSBÜCHER UNTERRICHTEN SIE DARÜBER, DASS DIESE BEMERKUNG CÄSARS GERADEZU PROPHETISCH WAR.

*Ausspruch Cäsars, als er unter den Mördern auch den von ihm bevorzugt behandelten Brutus erblickte. Nachzulesen bei Sueton, Caesar, Kapitel 82. Bei Shakespeare (Julius Cäsar 3, 1) wurde daraus das heute geläufige Zitat.

*Mit einem Ausrufezeichen an Stelle des Fragezeichens wird daraus eine jeden Widerspruch tötende Aufforderung in der Kindererziehung.

BRUTUS

Der Sohn des Asterix – Seite 12, Bild 5

* GREIFT AN! VORWÄRTS! IM LAUFSCHRITT!
ZUM KAMPF! MIT EINGELEGTEN WURFSPIESSEN!

BEATI PAUPERES

Die Trabantenstadt – Seite 13, Bild 2

SPIRITU.*

* SELIG SIND DIE GEISTIG ARMEN.

* Ursprünglich aus der Bergpredigt: Matthäus 5, 3. „Selig sind die Armen im Geiste, denn ihnen gehört das Himmelreich."

PROLOGUS

* *Gelungene Rechtfertigung für den Abbruch des Studiums!*

* ICH FÜRCHTE DIE DANAER, AUCH WENN SIE GESCHENKE BRINGEN.

ONA FERENTES! *

Asterix als Legionär
Seite 17, Bild 2
Seite 38, Bild 7

* Ersetzen Sie „Danaer" durch „Onkel", „Tante", „Nachbarschaft", um die Atmosphäre an Festtagen gebührend zu würdigen!

> TRAGICOMIX?
> ... MIT 'NEM T WIE TIMEO DANAOS ET DONA FERENTES ?

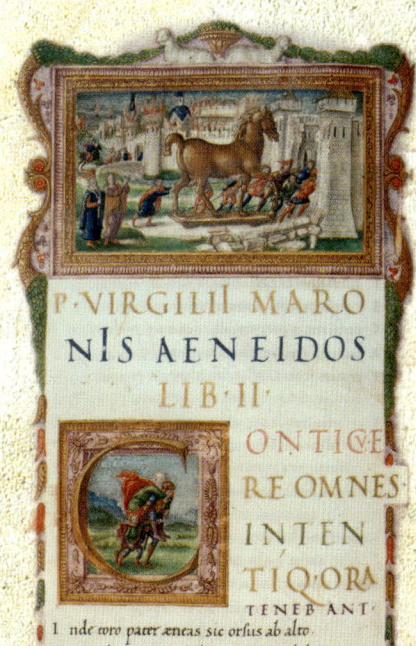

P·VIRGILII MARO
NIS AENEIDOS
LIB·II
ONTICE·
RE OMNES
INTEN
TIQ·ORA
TENEBANT

I nde toro pater æneas sic orsus ab alto
I nfandum regina iubes renouare dolorem
T roianas ut opes & lamentabile regnum
E ruerint danai quæq ipse miserrima uidi

* Mit diesen Worten warnte der Priester Laokoon die Trojaner, als er das hölzerne Pferd sah, das die Griechen bei ihrer vorgetäuschten Rückfahrt nach Griechenland am Strand zurückließen und in dessen Bauch griechische Soldaten verborgen waren. Nachzulesen bei Vergil, Aeneis, 2, 49.

QUO VADIS? *

* WOHIN GEHST DU?

Asterix der Gallier – Seite 20, Bild 10

*Bibelvers: Johannes 13, 36. Frage, die Petrus nach seiner Flucht vor Nero dem ihm erscheinenden Christus stellt.

*Standardfrage misstrauischer Lebenspartner!

BOING!

QUALIS ARTIFEX PEREO!*

Asterix und Maestria – Seite 7, Bild 4

* WELCH GROSSER KÜNSTLER SCHEIDET MIT MIR DAHIN!

* Vom römischen Geschichtsschreiber Sueton (ca. 70-140 n.Chr.) Nero zugeschrieben, als letzte Aussage des Kaisers vor dessen Selbstmord.

* *Leidender Seufzer gegenüber den Eltern, die soeben die angestrebte Karriere als Superstar ablehnten!*

COGITO ERGO SUM! *

Asterix als Legionär
Seite 41, Bilder 6-8

* ICH DENKE, ALSO BIN ICH!

DANKE! KOMMT IHR AND...

* Zitat des französischen Philosophen René Descartes (1596-1650). Er will damit sagen, dass man an allem zweifeln kann, aber nicht daran, dass man zweifelt (= denkt).
Der Satz bezeichnet also die erste sichere philosophische Erkenntnis.

* Achtung: Oft missverstanden, da der Umkehrschluss nicht zwingend zutrifft!

AURI SACRA FAMES! *

* VERFLUCHTER HUNGER NACH GOLD!

Streit um Asterix – Seite 11, Bild 4

O JA, UNSER VORNEHMER LATEINER, DER MUSS NATÜRLICH WIEDER...

* Das Original stammt von Vergil, einem römischen Dichter (70-19 v.Chr.) aus seinem Werk Aeneis, 3, 57.

*Begründung für das Wiederholte Überziehen des Dispo-Kredits!

Pub. Vergilus Maro. Mantuanus.

Andino Vati primam concedite palmam,
Troica Romana qui canit arma tuba.

NUNC EST BIBENDUM! *

Asterix bei den Schweizern – Seite 36, Bilder 5-6

* NUN MUSS GETRUNKEN WERDEN!

*Ansporn für den Schwimmunterricht!

* Zitat von Horaz (65-8 v.Chr.) anlässlich des Todes der Kleopatra, aus den Oden (I, 37, 1).

ERRARE HUMANUM EST! *

Asterix
auf Korsika
Seite 19, Bilder 7-8